NOTICE

SUR LE

ZODIAQUE DE DENDERA

ET SUR SON TRANSPORT EN FRANCE,

Avec un Résumé des principales opinions et des systèmes les plus remarquables des Antiquaires, des Géomètres et des Astronomes, sur ce monument;

PAR M. DUMERSAN.

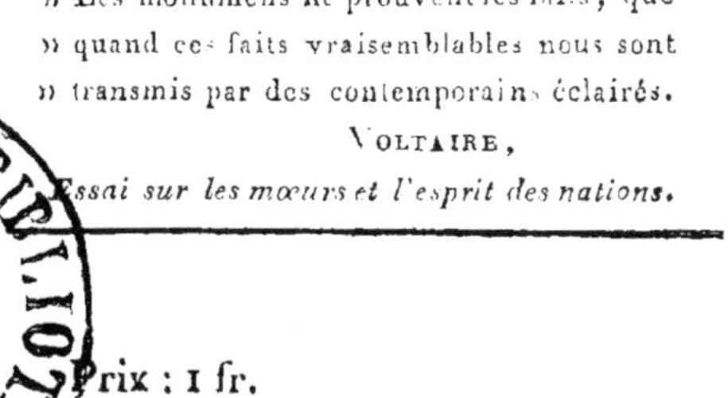

» Les monumens ne prouvent les faits, que
» quand ces faits vraisemblables nous sont
» transmis par des contemporains éclairés.

VOLTAIRE,
Essai sur les mœurs et l'esprit des nations.

Prix : 1 fr.

PARIS,

Chez M. JOURNÉ, rue Neuve des Petits Champs, N°. 12.

IMPRIMERIE DE HOCQUET.

1824.

TABLE DES CHAPITRES.

AVERTISSEMENT.

J'ai réuni dans cette Notice les faits qui se rattachent à la découverte et au transport du Zodiaque de Dendéra en France, et les idées des divers savans sur ce monument. Ces aperçus étaient épars dans différens ouvrages, dans des brochures, des feuilles périodiques et des journaux littéraires difficiles à trouver, à réunir, et où beaucoup de personnes ignorent que ces articles ont été imprimés. On trouvera donc ici l'historique mêlé avec les conjectures et les hypothèses des savans, des antiquaires et des astronomes. Les personnes même qui n'éprouvent d'autre intéret que celui de la curiosité, pourront se satisfaire aussi bien que les gens dont les études se dirigent vers les arts, l'histoire ou l'antiquité.

J'épargnerai aux lecteurs de longues et fatigantes discussions dont les détails n'auraient rien de piquant pour eux, et je mettrai sous leurs yeux le résultat de ces calculs que leurs auteurs eux-mêmes réduisent en dernière analyse à leur juste valeur, en laissant dans le doute la question sur laquelle ils se sont épuisés en raisonnemens plutôt qu'en raisons. La fureur de tout savoir, ne le cède chez eux qu'à la manie de tout accommoder à leur opinion ; l'homme sage doute jusqu'à ce que la raison et l'expérience lui donnent des preuves pour croire.

NOTA. On peut voir le Zodiaque de Dendéra, les mardi et samedi de chaque semaine, à une heure et demie, dans la salle destinée aux cours d'Antiquités, au rez-de-chaussée de la Bibliothèque du Roi, rue Richelieu.

NOTICE

SUR

LE ZODIAQUE DE DENDERA.

1. *Sur l'ancienne Tentyris* (1).

La ville de Tentyris ou Tentyra, portait également ces deux noms (2). Elle est maintenant nommée par les uns Dendera, par d'autres Dendra. Pocoke et Norden, dans le siècle dernier, écrivaient son nom Dandera. Cette ville était située près des cataractes du Nil. Ses restes se trouvent, dit M. Denon (2), au bord du désert, sur le dernier plateau de la chaîne lybique, au pied duquel arrive l'inondation du fleuve,

(1) Les lecteurs qui voudront passer de suite à la description du Zodiaque, prendront la page 15.

(2) Voyage en Egypte, tom. 2. p. 12.

à une lieue de son lit. Elle est à douze lieues environ de Thèbes, par la latitude de 26° 8' 34". La nouvelle ville de Dendéra, que quelques-uns écrivent Dendérah, est à vingt minutes de chemin des ruines de la ville antique; que les Arabes appellent maintenant *Berbé*, nom qu'ils donnent à tous les monumens anciens (1).

Pline parle de l'île Tentyrite (2), située au milieu du Nil; Strabon et Ptolémée n'en font pas mention.

Strabon (3) rappelle un temple de Vénus situé à Tentyris. Une médaille du nome Tentyrite, représente Vénus tenant une colombe (4).

Plusieurs auteurs parlent de la haine des Tentyrites pour les crocodiles (5). Ils étaient leurs ennemis déclarés, de même

---

(1) Denon, tom. 2, p. 206.
(2) L. VIII. C. 25.
(3) Liv. XVII. p. 1169.
(4) Voyez Rasche. Lexic. au mot Tentyris.
(5) Strabon et Pline. loc. cit.

que les éperviers (1). Strabon ajoute que les Tentyrites passaient pour avoir reçu de la nature le don de détruire, sans danger, les crocodiles. Mais Sénèque, dans ses questions naturelles (2), nie que les Tentyrites eussent en cela aucun avantage sur les autres hommes. « Ils ne maîtrisent les cro- » codiles, dit-il, que parce qu'ils les mé- » prisent et les bravent : ils les poursuivent » vivement, ils leur jettent une corde, les » lient, et les traînent où ils veulent. »

Pline raconte (3) qu'ils vont à eux en nageant, leur sautent sur le dos à la façon de ceux qui montent à cheval, leur passent dans la gueule un gros bâton, dont ils em-

---

(1) On a cru que les Tentyrites avaient voulu faire allusion à cette inimitié des éperviers contre les Crocodiles, par une médaille frappée sous Hadrien. On y voit au revers, L. IA TENTYP (*Anno undecimo. Tentyritarum.*) Serapis debout, tenant de la gauche la haste, de la droite un épervier. (Bronze de la troisième grandeur.)

(2) Liv. IV, Chap. 2.

(3) Hist. nat. lib. VIII, cap. 25.

poignent ensuite, avec les mains, les deux extrémités, et s'en servent comme d'un frein pour mener à terre leurs prisonniers.

Selon Pline, la taille des Tentyrites était petite. Les monumens nous les représentent ainsi. Sur la base de la belle statue du Nil, découverte sous Léon X, et dont nous avons aux Tuileries une copie, on voit, en bas-reliefs, des Tentyrites combattant l'hippopotame et le crocodile. Sur une terre cuite du cabinet des antiques, on les voit conduisant des barques.

Dendéra, dit le voyageur danois Bruce (1), est encore une ville considérable, environnée de palmiers, et telle que Juvénal l'a décrite.

Qui vicina colunt umbrosæ Tentyra palmæ.

Juv. Sat. 15. v. 75.

« Ceux qui habitent Tentyra dont le

---

(1) Bruce, voyage aux sources du Nil, tom. 1 p. 114, (trad. par Castera.)

» voisinage reçoit l'ombre des palmiers (1). »

Il n'entrait ni dans mon plan, ni dans mon goût, continue Bruce, de parler en détail des restes extraordinaires de Dendéra (2). Ce monument impose singulièrement au premier aspect : mais l'impression qu'il produit est semblable à celle qu'on éprouve à la vue d'une très-haute montagne, on ne peut en conserver qu'une idée confuse.

2. *Découverte du Zodiaque de Dendéra.*

Lorsque les Français, en l'an 7 (1799), remontant le cours du Nil, pour pénétrer

---

(1) Cette satyre de Juvénal contient un des exemples les plus affreux des cruautés du fanatisme et de la superstition. Juvénal devoit avoir vu Dendéra en passant, puisqu'il alla mourir dans un honorable exil à Syène, dans la Pentapole de Lybie, dont on lui avait donné le commandement.

(2) Le voyage de Bruce avait pour objet principal l'astronomie, et l'histoire naturelle.

dans la Haute-Egypte, sous le commandement du général Desaix, arrivèrent à *Dendéra*, des constructions éparses, qui semblaient en ruines, leur annoncèrent une ville ancienne : mais les décombres qu'ils aperçurent d'abord, ne leur donnèrent pas l'idée de l'état de conservation des édifices dont ils allaient avoir le spectacle.

A la vue du grand temple de Dendéra, ils furent tout-à-coup frappés d'un sentiment général d'admiration (1).

En parcourant les salles du temple, le général Desaix découvrit, le premier, le Zodiaque circulaire qui est maintenant au cabinet des Antiques de la Bibliothèque du roi de France, et il en donna connaissance aux savans de l'expédition d'Egypte. Mon-

---

(1) Ce temple de Dendera avait déjà été examiné par Pococke, qui n'en a donné que le plan, et qui n'a point parlé des Zodiaques. (Voyage en Egypte, tom. 1, p. 85.) Norden a passé auprès, sans s'y arrêter. (Voyage tom. 2, p. 167.) LE P. SICARD. Missionnaire, parle aussi de Dendera. (Lett. édif.)

sieur Denon accourut à Dendéra pour prendre une copie de ce zodiaque.

MM. Jollois et Devilliers apprirent à *Syout*, la découverte qu'on venait de faire des monumens de la Thébaïde ; ils vinrent à *Qéné*, ville moderne, située à deux lieues de Dendéra, sur l'autre rive du Nil ; et, de là, ils firent de nombreuses excursions à Tentyris, bravant les chaleurs de la saison, les vapeurs pestilentielles d'un climat brûlant, la privation du repos si désiré près de la Zône torride, enfin, les attaques des Arabes qui volent et assassinent souvent les voyageurs.

3. *Description du Temple de Dendéra.*

Tout l'édifice est construit en un grès fin et compact : il est situé sur le haut d'une colline. Après qu'on a dépassé une porte de l'effet le plus imposant, on découvre le portique du grand temple, dont l'entablement est soutenu à soixante pieds d'élévation, par six figures colossales d'Isis.

Tous les murs, tant intérieurs qu'extérieurs, sont ornés de sculptures dans toute leur hauteur : les colonnes même en sont revêtues. Ces sculptures étaient couvertes de différentes couleurs, dont une grande partie subsiste encore.

Plusieurs salles intérieures constituent l'ensemble de l'édifice. Un escalier, dont les abords sont encombrés, conduit à la terrasse du temple, sur laquelle sont construites en terre, les misérables huttes d'un village arabe. Cet escalier étant impraticable, on n'arrive plus sur la terrasse, qu'en suivant une pente roide formée hors des murs par les décombres entassés.

Ce village s'est établi dans cette sorte d'asile, parce que les chevaux des Bédouins ne peuvent y gravir.

4. *Premier Zodiaque.*

L'un des Zodiaques est placé sous le portique; il est sculpté au plafond sur les soffites latéraux; six des signes sont sur une bande et semblent sortir du temple.

ayant le lion en tête ; les six autres, sur une bande parallèle opposée, y entrent, au contraire ; en sorte que ces douze signes, dans l'ordre où le Zodiaque les présente, et une grande quantité d'autres figures emblématiques qui y sont mêlées, forment une longue procession.

Selon les remarques ingénieuses de M. *Fourier*, cette scène représente l'état du ciel, à l'instant du lever héliaque de Sirius, le soleil étant dans la constellation du cancer. Des figures symboliques sont probablement destinées à représenter l'époque où le Nil va inonder le sol de l'Egypte. Ce phénomène, qui arrive périodiquement peu après le solstice d'été, est la cause bienfaisante qui féconde le sol ; et, de tous temps, les habitans en ont célébré le retour par des fêtes : c'est l'un de ces évènemens que représente ce zodiaque.

5. *Pavillon où était placé le second Zodiaque.*

Sur la terrasse du temple est un pavillon formé de trois petites pièces. La première est à ciel ouvert, comme une petite cour ; de là, on entre dans la seconde, qui est éclairée par deux fenêtres : c'est dans celle-là qu'était le zodiaque circulaire ; il formait une partie du plafond. (Nous verrons plus loin comment on s'y est pris pour le détacher et l'enlever.) On passe ensuite dans une troisième chambre, qui ne reçoit de lumière que par sa porte. Tous les murs sont couverts de sculptures faites avec un soin extrême ; les peintures dont elles ont été empreintes, n'ont pu résister au temps, ou sont couvertes de la fumée des flambeaux dont se servent les voyageurs qui y pénètrent ; peut-être même des flambeaux dont on se servait plus anciennement pour les cérémonies religieuses.

Avant de passer à la description du second Zodiaque, voyons la manière dont il a été enlevé du fond de l'Egypte, et transporté en France.

6. *Transport du Zodiaque en France.*

M. Saulnier donna les détails que je vais extraire, dans une lettre adressée par lui à l'Académie des Inscriptions et Belles-Lettres, en date du 4 octobre 1821.

On connaît la protection que Mohamed-Ali-Pacha accorde aux explorateurs des antiquités de la Thébaïde. Son but est d'attirer, par cette espèce de séduction, les Européens, dont il apprécie les lumières, dans l'Egypte qu'il gouverne aujourd'hui si heureusement, après l'avoir soustraite à la domination anarchique des Mamelucks.

M. Saulnier crut que ce serait faire une chose utile et intéressante que d'enlever le *Zodiaque de Dendéra* à ces contrées lointaines, d'un accès difficile, habitées par des populations barbares, et où bien des genres de destruction pouvaient le menacer. (1)

---

(1) Pour faire connaître les opinions différentes que cette expédition a fait naître, et faire voir que la même chose peut être envisagée sous divers points de vue, nous citerons le passage suivant, extrait de la *Revue Encyclopédique*, tome 12, p 469. » Plusieurs personnes, animées d'un esprit philo- » sophique et de l'amour vrai des arts, ne sont

L'examen des plans dressés par la commission d'Egypte, l'avait convaincu de la possibilité de l'exécution ; des affaires inattendues vinrent s'opposer à son départ. Confident de son projet, M. *Lelorrain* lui

---

» pas d'avis que cette expédition ait été aussi bien » pensée qu'heureusement exécutée. Elles ont » réfléchi que cette pierre arrachée d'un monu- » ment jusqu'alors intact, allait perdre par cette » séparation même une grande partie de son prix » et de son intérêt ; qu'il aurait sufii qu'elle fût » moulée soigneusement. En effet, elle ne peut » servir d'embellissement, et n'intéresse que la » science. Elle n'est ni pour la forme, ni pour la » matière, comparable à ces obélisques transportés » par les Romains dans leur capitale, dont ils font » encore l'ornement. Le monument dégradé en » partie par cet *arrachement*, va subir peut être » d'autres altérations, ne fût-ce que celles des in- » tempéries de l'air dont il était préservé par un » toit protecteur. Le monument est arrivé à bon » port, mais ne pouvait-il éprouver le malheur qui » a précipité au fond de la mer les beaux marbres » grecs que lord Elgin faisait transporter en » Angleterre ? M. A. J.

témoigna le désir de l'exécuter. Il accepta son offre avec empressement, et il fit, en conséquence, confectionner sur-le-champ, tous les instrumens dont il avait besoin pour cette opération, tels que des scies de diverses grandeurs, pour détacher le monument de son entourage; des crics pour en soulever la masse, et un traîneau pour le rouler jusqu'au Nil : l'idée de ce traîneau, d'une forme ingénieuse et nouvelle, appartenait à M. Lelorrain.

Il s'embarqua pour Alexandrie, dans les premiers jours d'octobre 1820, muni de lettres de recommandations, et entre autres d'une lettre de M. le Ministre des affaires étrangères adressée à M. Pillavoine, consul général de France au Caire. Arrivé dans cette ville et présenté au pacha, il en fut reçu avec bienveillance, et il obtint, sans difficulté, un firman qui autorisait les travaux auxquels il allait se livrer. Par une faveur particulière, le pacha lui donna, en outre, une lettre pour son fils, gouverneur de la haute Egypte. Muni de son firman et de cette lettre, M. Lelorrain ne tarda pas à se rendre à Dendéra. Après avoir culbuté les constructions arabes qui se trouvaient au-dessus du planisphère, il le dégagea et le conduisit à terre par le plan incliné dont nous avons parlé plus haut. A l'aide de son traîneau, il le transporta ensuite à bord du bâtiment sur lequel il avait remonté le Nil.

Le bruit de l'opération heureuse de M. Lelorrain, l'avait devancé au Caire. Un homme que M. Saulnier ne nomme pas, mais dont on pouvait craindre la puissance et le crédit (1); voulut s'emparer de la conquête que M. Lelorrain venait d'obtenir à grands frais, au risque de sa santé, peut-être même de sa vie. Heureusement, le pacha à qui cette contestation fut soumise, ne tarda pas à prononcer en faveur de M. Lelorrain, qui, sorti des embarras qu'on lui avait suscités, se rendit à Alexandrie où il embarqua le zodiaque. Il partit quelques jours après et

(1) On assure que c'est M. Salt, Consul-général Anglais en Egypte.

débarqua heureusement à Marseille (1).

Ce morceau, scié dans la voûte d'une chapelle supérieure du temple de Dendera, a maintenant sept pieds et demi de diamètre en carré, et un pied d'épaisseur. Il est comme tout le reste du bâtiment d'où on l'a tiré, d'une pierre de grès fort compact. Le morceau supérieur est plus fin et plus dur que le grand morceau.

7. *Description du plafond et du zodiaque circulaire.*

Le plafond de la salle du milieu de ce pavillon supérieur, est coupé en deux espaces égaux par une figure sculptée dans une espèce de niche cylindrique. Cette figure est d'un fort beau style, et rappelle celui qu'on nomme Græco-ægyptien.

---

(1) Ce monument a été acquis par S. M. le Roi de France, pour la somme de 150 mille francs, il a été exposé pendant près d'un an au Louvre, dans la salle du Tibre. Il est maintenant dans la salle des Antiques de la Bibliothèque du Roi, où on peut le voir à une heure et demie les mardi et samedi, jours consacrés aux cours d'Antiquités.

Le long de chaque côté, on voit une bande d'hiéroglyphes, et c'est dans l'espace de gauche qu'est le tableau que nous allons décrire.

Un médaillon chargé de sculptures, et de cinq pieds environ de diamètre, est supporté par douze figures dont huit agenouillées à têtes d'épervier, et quatre debout à têtes d'Isis, de la proportion de deux pieds quatre pouces. Une bande d'hiéroglyphes, placée à la hauteur de la ceinture des douze figures, entoure le médaillon. Sur les bords de ce cercle, marche dans le même sens, et la tête tournée vers le centre, une rangée de figures de la proportion de treize pouces. Un second cercle est formé par les douze signes du zodiaque, placés dans le même sens, et entremêlés d'autres figures symboliques représentant des constellations.

Pour désigner que le lion ouvre la marche, et qu'il est comme dans le premier zodiaque, le conducteur des autres signes, le sculpteur a détourné les figures des gémeaux et du cancer, qui sont les derniers dans l'ordre où le soleil parcourt les signes sous la conduite du lion.

Nous allons donc examiner les signes en allant de droite à gauche, comme s'ils marchaient devant nous en venant de gauche à droite.

N°. 1. Le LION. Il est placé sur l'*Hydre*, dont le *Corbeau* regarde la queue. La figure de femme qui est à la suite du Lion, entre lui et le Corbeau, correspond à la *Coupe*.

N°. 2. La VIERGE marche derrière le Lion; elle porte un épi. Le signe de la Vierge est tantôt Cérès, tantôt Isis, celle-ci se voit

---

(1) On sait que l'ordre des signes du Zodiaque, en commençant par le mois de mars, est habituellement celui que désignent ces vers :

Sunt aries, taurus, Gemini, cancer, leo, virgo.
Libra que, scorpius, arcitenens, caper, amphora,
pisces.

Le bélier, le taureau, les Gémeaux, pour le printems; le cancer, le lion, la vierge, pour l'été; la balance, le Scorpion, le Sagittaire, pour l'automne; le capricorne, le verseau et les poissons, pour l'hiver.

un peu plus bas, dans l'autre cercle, et portant Horus sur sa main gauche. Derrière la Vierge est un homme à tête de bœuf, et portant un instrument d'agriculture, c'est le *bouvier* de Cérès; plus bas, est le bouvier d'Isis portant une espèce de faulx.

N°. 3. La Balance. Elle est surmontée d'un cercle dans le quel est une femme assise, et auprès est sans doute le *vaisseau.*

N°. 4. Le Scorpion. Il a la tête tournée du côté de la balance dont ses serres, selon quelques-uns, tenaient antérieurement la place.

N°. 5. Le Sagittaire. Il a la forme d'un centaure aîlé, il a deux visages, et il est coëffé d'une espèce de mître, ou bonnet semblable à celui d'Horus; ses pieds de devant sont posés sur un vaisseau. Dans le Zodiaque égyptien originel, le Sagittaire indique le printems.

Le Sagittaire, dans tous les zodiaques d'Egypte, porte un double visage. Cette double face lui a été donnée, dit Mr. Jomard, pour marquer la fin d'une année, et le commencement de l'autre ; ainsi que l'indiquait le Janus des Romains (1). Cependant il n'est point placé dans un mois qui commence ou finisse l'année.

N°. 6. Le CAPRICORNE. Il a la partie antérieure d'une chèvre, et une queue de poisson. L'oiseau qui est devant lui indique la constellation du *Cygne*.

N°. 7. Le VERSEAU. Il est représenté par un homme qui tient dans ses mains deux vases dont il renverse l'eau ; audessous est placé le *Poisson austral*.

N.° 8. Les POISSONS. Ils sont réunis par un lien, comme le dit Eratosthène, (2) et attachés par la queue; entre eux est le *carré de Pégase*, et au-dessous le *Porcher :* devant, un homme à deux visages. (3)

---

(1) *Expl. d'un Tableau astronomique. Descr. de l'Egypte*. Tom. I, pag. 355.

(2) Catasterism, § XXI.

(3) Si c'est JANUS, cette figure est encore une de celles qui diminuent l'antiquité de ce Zodiaque.

Jane biceps, anni tacite labentis origo

OVID. Fast. lib. I. V. 65.

Mais en nommant ainsi cette constellation, les au-

N°. 9. Le Bélier. Il a la tête tournée et regarde derrière lui, peut être pour indiquer que ses pieds se couchent les premiers.

N°. 10. Le Taureau. Il semble courir du côté du couchant, et regarde en arrière.

N°. 11. Les Gémeaux. Ils se donnent la main et marchent à la suite l'un de l'autre.

N° 12. Le Cancer. Il a la forme du crabe ou écrevisse de mer. La manière dont il rentre dans l'intérieur du cercle suivant lequel sont placés les signes, ne laisse aucun doute sur l'intention que l'on a eue de présenter le Lion comme le chef ou le conducteur des autres signes.

M. Francœur en conclut qu'à Dendera, le lion est le signe qui, dans les temps reculés exprimés par ce tableau, présidait au Ciel lors du commencement de l'inondation du Nil.

Il est à remarquer que sur l'un et l'autre

---

teurs de la description de l'Egypte, ajoutent que cette figure symbolique aura sans doute dans la suite donné aux Romains l'idée du Dieu Janus.

des zodiaques de Dendéra, les constellations n'observent pas entre elles les relations de grandeurs et de distances que nous offrent les aspects célestes.

La confusion dont on a été frappé à la première vue, disparaît bientôt devant une analyse méthodique, et on s'aperçoit que les douze astérismes (1) principaux sont environnés d'un plus ou moins grand nombre de représentations d'hommes, de femmes, d'animaux, de plantes et d'instrumens, au milieu desquels on les distingue facilement à cause de leur ressemblance avec les signes du Zodiaque qui nous a été transmis par les Grecs. Les figures *extrazodiacales* sont, selon MM. Jollois et Devilliers, celles de Constellations dont la position a été déterminée par les instans de leurs levers et de leurs couchers, et par le rapport qu'elles ont avec les Constellations zodiacales, qui se levaient ou se couchaient en même temps qu'elles,

(1) Constellations, assemblage d'étoiles.
(2) Descr. de l'Égypte, loc. cit.

ou qui se levaient pendant que les signes du Zodiaque se couchaient, et qui se couchaient tandis que ces signes montaient sur l'horizon. Ces diverses observations servirent à construire la table des *Paranatellons*, (1) qui servirent de base à tous les calendriers des Anciens. Nous allons donner l'explication des principales. D'abord, après être revenus au cancer, examinons celles qui occupent le centre du planisphère. La plus apparente est une grande figure *Typhonienne* à tête de chien, qui est remarquable par la grosseur de son ventre et par ses mamelles pendantes : c'est probablement *la Grande Ourse*, que les Egyptiens appelaient l'astre de Typhon (2).

La Petite Ourse s'appelait aussi *Cynosura* (3) ou *Canis*, on peut la retrouver

---

(1) Des mots Grecs, *Para* et *Anatellô*, *se levant ensemble*, l'acception de ce mot a comme on le voit, beaucoup plus d'étendue que son étymologie ne le comporte.

(2) *Plutarch.* de Iside et Osiride.

(3) *Ovid.* Fast. 3.

dans la figure de chien ou de chacal qui est devant la Grande Ourse.

Quant à la jambe d'animal qui est auprès, je n'en ai trouvé nulle part l'explication (1).

Au-dessus de la Grande Ourse, on voit un homme qui tient un couteau de sacrifice d'une main, et de l'autre *un loup*; et plus loin deux quadrupèdes adossés, dont l'un a l'air d'un cynocéphale, et l'autre d'un chien ou d'un chacal : sur leur tête est un épervier. La réunion de ces trois animaux forme *le triangle* qui est immédiatement au-dessus de la tête *du Bélier* (2). Sous le triangle et

---

(1) Voyez plus loin, page 31.

(2) Dupuis suppose que les deux animaux adossés sont la Chèvre et le Chien, et que l'Épervier qui les surmonte désigne avec eux l'équinoxe du printems; d'après cela il conclut que le jour indiqué par le Monument est celui de l'Équinoxe du printems, jour célébré par des fêtes chez tous les peuples, et que ce Monument *astrologique* nous montre l'état du Ciel au lever du soleil, le jour de la grande fête d'Ammon, ou du soleil d'*Aries*. (du Bélier.)

derrière le bélier, est un œil renfermé dans un disque, que les auteurs de la description de l'Egypte prétendent occuper la place de la tête de Méduse.

Passons maintenant au grand cercle de figures qui environne le médaillon, et examinons cette procession dans le même ordre que les signes du Zodiaque, en rattachant à chacun d'eux les Constellations que l'on croit reconnaître, et qui leur sont relatives par les *Paranatellons*.

Sous le Lion, la rangée de figures est double; mais en reculant jusqu'au Scorpion, elle devient simple. Cette rangée, qui occupe immédiatement le bord du médaillon, est composée de trente figures, parmi lesquelles se trouvent entremêlés, de distance en distance, des hommes à tête d'épervier, au nombre de neuf, et semblables au huit qui supportent le planisphère, conjointement avec les quatre figures d'Isis.

Je ne donne ces explications que comme les conjectures ingénieuses de plusieurs savans; quelques-unes seront appuyées, et d'autres détruites, dans les paragraphes qui vont suivre (1).

Je ne donnerai donc ici que les explications des figures les plus remarquables. Sous la Balance, est le *lion marin*; derrière lui, un singe mitré, que l'on suppose être *Nephté*. Sous le scorpion, l'*Autel*, et derrière lui le *Cynocéphale*. Sous le verseau, un disque renfermant huit figures agenouillées, cest la constellation du *Sacrifice*.

Sous le bélier, est *Horus* assis sur une fleur de lotus : c'est notre *Orion* (2).

Je ne m'étendrai pas davantage sur ces explications conjecturales, dans cette notice qui est faite pour des lecteurs qui ne sont pas tous versés dans les mystères astronomiques et dans les dédales obscurs des systèmes

---

(1) Voyez le § 12, page 34.

(2) Les Égyptiens peignaient le soleil levant par l'emblème d'un enfant assis sur le lotus. (Plutarch. de Iside p. 355.) Dupuis croit d'aprés cela que cette figure qu'on voit en effet au bord du Médaillon, sous le signe du Bélier, annonce qu'il était 6 heures du matin, si l'Équinoxe répondait au Bélier.

mythologiques des Anciens. Les points principaux sont expliqués, les figures les plus importantes sont décrites ; le reste est un sujet de controverses dont les différentes opinions que je vais citer donneront une idée suffisante.

Disons seulement, avant de quitter ce chapitre, qu'il est vraisemblable qu'antérieurement à tout système astronomique, et à l'établissement du Zodiaque, comme à sa division en douze parties égales, les noms des Constellations existaient à-peu-près tels qu'ils ont été conservés. Ces noms avaient été inventés par les hommes les plus intéressés à être avertis des phénomènes qu'annonçait la marche progressive des astres, c'est-à-dire par les cultivateurs.

Lorsque les astronomes voulurent diviser la marche du soleil en douze mois égaux, chaque division prit le nom de la constellation qui la remplissait en entier, ou qui en faisait la plus grande partie. Cette division primitive doit être celle pour laquelle douze divisions égales de l'écliptique correspondent le mieux avec les douze figures du Zodiaque.

Sans entrer dans les profondes discussions qu'exigerait ce sujet, nous nous contenterons de dire que le Zodiaque fut divisé successivement en douze figures, en trente-six *décans* (1), et en trois cent soixante degrés (2).

8. *Opinion de Dupuis.*

Les savans ne sont point d'accord sur l'époque à laquelle on peut placer la construction du temple de Dendera.

Les uns le font remonter à l'antiquité la plus reculée, les autres le croyent construit au temps de la domination des Romains.

Le savant *Dupuis* donna un mémoire sur le zodiaque de *Dendera*, imprimé dans la

---

(1) Du mot Grec *Déka*, Dix.

(2) Extrait des recherches sur les bas-reliefs astronomiques des Egyptiens, par MM. Jollois et Devilliers, dans le 1er. vol. des mémoires de la description de l'Egypte, p. 427.

Revue philosophique, en mai 1806, et réimprimé à la suite de la nouvelle édition de l'abrégé de l'Origine de tous les Cultes (1). Il fait remonter la construction du zodiaque de Dendera, à l'époque du renouvellement de la période solstique, 13 mille ans avant notre ère (2).

9. *Opinion de Visconti, appuyée par Delalande.*

Le savant Visconti, dans les notes du second volume de la traduction d'Herodote par Larcher, pense que ce Zodiaque est l'ouvrage des Grecs. M. Delalande adoptant son avis, dit que la Sphère des Grecs, telle qu'elle est décrite par Eudoxe et Aratus, remonte à près 1300 ans avant l'ère vulgaire, et qu'Eudoxe pouvait l'avoir apportée

---

(1) Paris, Chasseriau, 1822.

(2) Dupuis, auteur de l'ouvrage intitulé Origine des Cultes, naquit en 1742, à Trie-Château, près Gisors, et mourut en 1809. Il a été membre de l'Académie des Inscriptions, professeur au Collège Royal, Député de l'Oise, à la Convention et au Corps-Législatif.

d'Egypte. Ainsi, ajoute-t-il, il est tout naturel que la Sphère d'Eudoxe se trouve dans le Zodiaque de Dendra.

Dupuis combat cette idée, et il attaque vivement Visconti, qui assure que ce monument est postérieur à notre ère vulgaire, attendu qu'on y trouve une inscription qui contient des noms romains, et qui annonce un César (1). Nous verrons plus loin que l'opinion de Visconti a été pleinement adoptée et confirmée par M. Champollion.

Il est bon de remarquer, continue Visconti, que l'architecture du Temple de Tentyris, quoique dans le goût Egyptien, et même quelques-uns des Hiéroglyphes sculptés sur ses murs, offrent des rapports d'analogie avec les arts de la Grèce.

Quant au Zodiaque, la ressemblance de la plupart des signes à ceux des Grecs,

---

(1) Cette inscription grecque est gravée sur la corniche extérieure du portique du grand temple. Une autre inscription grecque se trouve aussi sur la porte de l'Est, et elle est répétée sur chacun des listels de la corniche.

prouve qu'il a été exécuté dans un tems où les opinions des Grecs n'étaient pas étrangères à l'Egypte; mais encore dans un tems qui ne remonte pas à la plus haute époque de l'astronomie Grecque.

Dupuis n'accorde pas ce point à Visconti. Ausurplus, répond t'il à l'antiquaire, quand le temple de Dendra ne serait pas ancien, quand il serait l'ouvrage des Ptolémées, on n'en pourrait rien conclure pour l'époque astronomique indiquée par le Zodiaque. Les adorateurs de Mithra, ont rempli l'Italie, la Gaule, l'Angleterre, de monumens de leur culte qui retraçaient l'état du ciel tel qu'il était plus de deux mille cinq cents ans avant eux, puisqu'il placent aux équinoxes le Taurau, et le Scorpion et le Lion au solstice d'été.

Les Grecs se servirent de la sphère d'Eudoxe qui donnait l'état du ciel tel qu'il était près de 1300 aux avant Eudoxe, et Eudoxe était contemporain de Platon.

Les Romains firent pendant cent ans usage d'un cadran qu'ils avaient apporté de

Sicile, sans s'appercevoir qu'il ne convenait pas à la latitude de leur pays.

On peut conclure de là, que les recherches astronomiques ne peuvent servir en rien à déterminer l'époque à laquelle on a construit le temple de Dendera, et sculpté son Zodiaque.

10. *Oppinion de l'Abbé Halma.*

M. l'abbé Halma, (1) a surtout pour but de combattre le système de Dupuis, qui veut renverser les limites fixées par les chronologistes, d'après les livres de Moïse.

Le Zodiaque de Dendera n'est, dit-il, qu'un thême d'astrologie, science vaine et illusoire : car, que signifie cette cuisse coupée d'animal, étendue au-dessus des Gémeaux dans ce planisphère ? Qu'est-ce que signifie ce cochon encapuchonné, debout sur ses jambes de derrière, et tenant à l'une de ses pattes de devant, un coutelas ! (C'est

---

(1) Examen et explication des Zodiaques Égyptiens. Paris, 182?. 2 vol.

la figure que MM. Jollois et Devilliers nomment la grande Ourse.)

M. Halma convient aussi que les personnages qui forment les cercles extérieurs et intérieurs au cercle Zodiacal, peuvent être les emblêmes des Paranatellons ou levers et couchers simultanés d'étoiles : mais il ajoute qu'ils représentent sous divers symboles, des sites religieux, ou les occupations propres à chaque mois de l'année.

11. *Opinion de M. Saint-Martin.*

M. *Saint-Martin*, dans un mémoire lu à l'Académie des inscriptions et belles-lettres, dans la séance du 8 février 1822, émet une autre assertion. « C'est, dit-il, vers l'an 1200 » avant J.-C. que se fit, en Egypte, le » changement qui mit la balance à la place » que les serres du scorpion tenaient an- » térieurement parmi les signes du zo- » diaque. » Mais il reste à démontrer cette assertion.

D'autres personnes ont cru que la figure de la balance était une invention moderne et l'ouvrage des flatteurs d'Auguste : mais le poète *Manilius* fait allusion à la justice d'Auguste, né sous le signe de la balance.

Æquato, genitus sub pondere libræ (1).

Donc, ce signe était dans le ciel avant la naissance d'Auguste. Il y était même avant la fondation de Rome, puisque Cicéron cite l'horoscope de cette ville, dans lequel Tarrutius Firmanus, prédisait sa gloire, parce qu'elle avait été fondée, la lune étant dans le signe de la balance.

Cum esset in jugo, luna (2).

Solin, Ch. I. dit, *in librâ*.

Dupuis a réuni dans son ouvrage sur l'origine des constellations, toutes les preuves de l'antiquité du signe de la balance qui se trouve dans les monumens Egyptiens et

---

(1) Manilius. T. II v. 546.

(2) De Div. l. 2 c. 98.

(3) Œuvres complettes revues etc, par M. Auguis. Paris, 1822. Tom IV. p. 129.

Indiens qui précèdent de bien des siècles l'âge d'Auguste.

12. *Opinion de M. Biot.*

M. Biot, savant géomètre (1), s'étant appliqué à découvrir quelle était la projection de ce zodiaque, au moyen de la reconnaissance de quelques étoiles principales, en a conclu que le monument se rapportait à l'année 716 avant J.-C.

13. *Réfutation par M. Champollion.*

M. Champollion le jeune, dans une lettre au rédacteur de la Revue encyclopédique, remarque judicieusement que pour expliquer ce monument religieux des Egyptiens, il ne suffit pas de posséder à fond la savante théorie de l'astronomie moderne ; mais qu'il faut encore une connaissance exacte de cette science, telle que les Egyptiens l'a-

(1) Dans un mémoire lu à l'Académie des Sciences le 11 et le 22 juillet 1822, et communiqué à l'Académie des Inscriptions et Belles Lettres

vaient conçue, dans toute sa simplicité, et même avec toutes ses erreurs. L'astronomie Egyptienne était essentiellement mêlée avec la religion et même avec ce que nous avons appelé l'*Astrologie judiciaire* : et en jugeant le zodiaque de Dendéra d'après les données actuelles de l'astronomie, on s'expose à prendre un objet de culte pour un signe astronomique, et à considérer une représentation symbolique, comme l'image d'un objet réel.

La plupart des Archæologues ont confondu jusqu'ici sous le nom d'*Hiéroglyphes*, et les Hiéroglyphes proprement dits, c'est-à-dire, les élémens figurés de l'écriture égyptienne, et les images des dieux, des hommes et des animaux sacrés qu'accompagnent toujours des inscriptions hiéroglyphiques.

Sur le zodiaque de Dendéra, les étoiles figurées font partie des *noms propres*, se rapportant à des représentations de personnages qui, seuls, pourraient tenir la véritable place des constellations, si l'on pouvait attacher de l'importance à la place relative que ces étoiles occupent.

L'étoile des légendes de Dendera est donc le dernier signe hiéroglyphique de chacune d'elles, et le signe de l'*espèce* à laquelle appartiennent les *individus* qu'indiquent ces légendes : de la même manière que le nom propre de chaque divinité égyptienne contient le signe spécial Dieu.

C'est ainsi que dans la langue parlée, la syllabe Sou, contraction de Siou, qui signifie étoile, entrait dans la composition des noms propres d'étoiles ou d'astérismes, tels que Sounhor, l'étoile d'Horus (Orion); Sourot, l'étoile de Vénus ; Sounouhcr, le grand chien, ou bien l'étoile de Canope, etc.

Les places qu'occupent les constellations ne pouvant servir à déterminer l'époque à laquelle ce zodiaque a été sculpté, il faut la chercher dans d'autres conjectures.

Le style du monument ne peut rien nous apprendre, puisqu'il est le même que celui de tous les ouvrages des Egyptiens, dont les lois, comme le dit Winckelmann (1), bornaient l'esprit de chaque génération à imiter servilement la manière des générations précédentes, et proscrivaient toute espèce d'innovation.

Mais les hiéroglyphes sculptés dans les deux bandes qui enferment le zodiaque, peuvent aujourd'hui nous donner quelques lumières, par la découverte de M. Champollion le jeune, qui, après dix années de recherches assidues, est parvenu à réunir des données presque complètes sur la théorie générale des différentes espèces d'écritures des Egyptiens.

14. *Opinion de M. Francœur.*

Voyons d'abord comment on a défendu la haute antiquité du zodiaque de Dendera. « On a trouvé, sur ce monument, dit un savant astronome (2), deux inscriptions

---

(1) Histoire de l'Art, liv. II. ch. I. § 7.

(2) *Revue Encyclopédique*, tom. 14. p. 49. — Avril 1822.

assez insignifiantes, qui ont porté quelques personnes à en attribuer la construction aux Grecs ou aux Romains (1). On ne conçoit pas comment une pareille idée a pu saisir l'esprit de M. Visconti (2). On s'est emparé du nom de ce célèbre antiquaire pour couvrir le vide d'une opinion que vraiment il regrettait d'avoir émise. Les Grecs ne connaissaient pas les symboles hiéroglyphiques; comment en auraient-il couverts des milliers de mètres carrés?... les zodiaques ne ressemblent pas à ceux des modernes... le sagittaire des Grecs n'est point aîlé et n'a pas deux visages, etc, etc.

15. *Autre Réfutation par M. Champollion.*

Je citerai en entier le passage de la lettre de M. Champollion à M. Dacier, secrétaire

---

(1) On ne dit point que ce soient les Grecs qui aient construit ce Temple : Mais les Egyptiens sous la domination des Grecs ou des Romains.

(2) M. Visconti donne au Zodiaque 2500 ans d'antiquité. L'abbé Halma ne lui donne que 2160 ans.

perpétuel de l'Académie des inscriptions et belles-lettres (1), sur l'alphabet des *Hiero-glyphes phonètiques* (2).

Les cartouches renfermant le titre *Au-tocrutor*, sont presque toujours accolés ou mis en rapport avec un second cartouche contenant les noms propres des empereurs; mais quelquefois aussi, on trouve ce mot dans des cartouches absolument isolés.

L'exemple le plus remarquable de cette particularité, est le bas-relief sculpté sur la seconde pierre du Zodiaque circulaire de Dendéra, monument célèbre dont la munificence royale vient d'enrichir le cabinet des antiques.

D'après la belle gravure publiée dans la description de l'Egypte (3), on voit à droite une grande figure de femme, sculptée de ronde bosse, entre deux longues colonnes perpendiculaires d'hieroglyphes.

---

(1) Paris, Firmin Didot, 1822.

(2) C'est-à-dire qui expriment des sons.

(3) T. IV, Pl. 21.

Au bas de la colonne de gauche est un cartouche (1) qui contient seulement le titre AOTKPTP (*Autocrator*). Cette partie importante du monument n'est pas à Paris; la pierre a été sciée vers ce point même, parce qu'on n'a eu pour objet que d'enlever le Zodiaque circulaire seul, et on l'a ainsi isolé d'un bas-relief qui s'y rapportait selon toutes les probabilités.

Quoi qu'il en soit, l'inscription que renferme ce cartouche, établit d'une manière incontestable, que le bas-relief et le zodiaque ont été sculptés par des mains égyptiennes sous la domination des Romains.

Il eut été à désirer, ajoute M. Champollion, qu'un second cartouche accolé au premier, nous donnât, comme sur beaucoup d'autres bas-reliefs égyptiens, le nom même de l'empereur : mais si les conjectures étaient admissibles, on pourrait croire que ce titre isolé pourrait appartenir à l'empe-

---

(1) Il est gravé à la fin de la lettre de M. Champollion, pl. 11. n. 50.

reur Claude ou à l'empereur Néron, dont beaucoup de médailles, frappées en Egypte, ne portent pour toute légende que le titre seul *Autocrator* (1).

16. *Résumé.*

Il est donc presque démontré que le temple de Dendéra est postérieur au règne des Ptolémées, et qu'il n'a été fini que sous le règne de Claude ou celui de Néron.

Voici comment M. Champollion expose son opinion, et sur quelles bases il l'établit d'une manière très-vraisemblable.

Le zodiaque circulaire figuré au plafond du petit appartement construit sur la plate-forme du grand temple de *Dendéra*, est du même style et du même goût de sculpture que l'édifice entier qui le porte. Il appartient à la troisième et dernière époque de l'art égyptien, comme le prouvent le grand relief, l'indécision des contours, les articulations

---

(1) Zoéga, Num. Egypt. imper. pag. 14 et 23, et Mionnet. Descr. de Med. tom. 5. p. 54 et 63.

grossièrement indiquées, le ventre et les pectoraux saillans des images humaines représentées dans les divers bas-reliefs qui décorent ce temple. Il n'y a rien de commun entre les sculptures de *Dendéra* et celles du plus ancien style égyptien, éminemment caractérisées par la justesse du mouvement, la simplicité des formes et la naïveté d'expression ; sculptures dont les palais de *Karnac*, de *Louqsor*, de *Medinet-Abou* de *Thèbes*, et les temples d'*Ibsamboul*, de *Derry*, d'*Amada* et de *Ghirsché* en Nubie, nous offrent les plus beaux modèles.

Le grand temple de *Dendéra* diffère tout aussi essentiellement par son style, des temples de *Dakké*, de *Calabsché*, d'*Ombos* et d'*Edfou*, édifices appartenant à la seconde époque de l'art égyptien, et dans l'exécution desquels on observe des formes étudiées, un mouvement plus affecté, et des contours moins vrais que dans les sculptures du premier style.

Cette classification des grands monumens de l'Egypte en trois séries d'après leur plus ou moins grande antiquité relative, résulte d'abord des observations et d'une étude attentive faite sur les lieux mêmes, par deux habiles architectes, MM. Huyot et Gau; et leurs conclusions, à cet égard, ont été pleinement confirmées par la découverte de l'*Alphabet des hiéroglyphes phonétiques* qui a fait lire sur les monumens égyptiens du premier style les noms des *anciens Rois de race égyptienne;* sur ceux du second, les noms des *Rois et des Reines Grecques d'Égypte;* et sur les constructions du troisième style, les légendes entières des *Empereurs romains,* depuis Auguste jusques à Antonin-le-Pieux inclusivement.

Ainsi le grand temple de Dendéra appartient à la troisième époque de l'art, et doit être considéré comme l'un des plus modernes d'entre les monumens de l'Egypte. Dans toutes les légendes hiéroglyphiques copiées sur cet édifice par la Commission d'Egypte et par divers voyageurs, M. Champollion le jeune n'a lu en effet que des noms d'empereurs romains, tels qu'*Auguste*, *Tibère*, *Claude*, mais principalement *Néron* et *Domitien*, sous les règnes desquels la plus grande partie des sculptures ont été exécutées. Le *typhonium* de Dendéra est plus récent encore, il appartient au règne d'*Antonin-le-Pieux*. Le seul édifice qui dans les ruines de Tentyris remonte à une très-haute antiquité est, selon toute apparence, le petit *temple d'Isis*, placé derrière le grand temple consacré à *Athyr*, la Vénus égyptienne; cette petite construction porte les légendes royales du Pharaon *Ramsès-Méiamoun*, l'ayeul de Sésostris. Enfin, si les légendes hiéroplyphiques n° 10 et 11, 15 et 16, 25 et 26 de la 38e planche d'antiquités du tome IV de la *Description de l'Égypte*, ont été copiées sur le grand temple de *Dendéra*, il faut reconnaître que les sculptures les plus anciennes de cet édifice ne remontent qu'au règne de *Cléopâtre* et de son fils *Ptolémée - Neocæsar* ou *Cæsarion* : toutes les autres sont du temps de la domination romaine.

Il est évident que si le temple entier sur

lequel a été construit l'appartement qui renfermait le Zodiaque circulaire, n'est point antérieur au *règne d'Auguste*, le Zodiaque lui-même ne saurait être plus ancien; ce raisonnement est pleinement confirmé par les légendes hiéroglyphiques inscrites à côté de la grande figure de femme (*le ciel personnifié*) sculptée sur le même bloc qu'une partie du zodiaque : ces légendes renferment en effet le titre impérial romain *Autocrator* en caractères hiéroglyphiques phonètiques. M. Champollion le jeune a indiqué, dans sa *Lettre à M. Dacier sur l'Alphabet hiéroglyphique*, les raisons qui le portent à croire que ce simple titre d'*empereur* ainsi isolé, désigne l'empereur Néron, dont les médailles frappées en Egypte même ne portent en effet que le seul mot *Autocrator* pour toute légende. Du reste le zodiaque circulaire n'est, selon le même, ainsi que tous les zodiaques d'Egypte, qu'un *horoscope* (1)

(1) Les astrologues appellent horoscope le point du zodiaque qui se lève avec le soleil.

ou *thème astrologique*, soit de la nativité d'un empereur, soit l'*horoscope* de la fondation du temple, et l'on aurait tort de vouloir y trouver un tableau *astronomique* proprement dit.

» Nous dirons donc avec M. Delam-
» bre (Astron. du moyen âge, disc. prélim.)
» Ces Zodiaques ont ils été sculptés dans
» l'année qui a suivi l'observation ? Per-
» sonne n'oserait en répondre. On n'a donc
» rien de certain sur le tems de la cons-
» truction de ces édifices, non plus que sur
» le tems des observations. »

Et nous conviendrons avec M. Halma, (sans en rien conclure pour ni contre l'antiquité du monde), que ces Zodiaques ne représentent que les travaux de chaque mois, et qu'il n'y a aucune époque chronologique à en déduire, vu que les Egyptiens ne connaissait ni la précession des équinoxes, ni ses effets.

FIN.